Usborne

First hundred words

in Spanish

Heather Amery

Illustrated by Stephen Cartwright

Spanish language consultant: Valeria Luna
Edited by Jenny Tyler and Mairi Mackinnon
Designed by Mike Olley and Holly Lamont

 There is a little yellow duck to find in every picture.

En la sala In the living room

el papá
Daddy

la mamá
Mommy

el niño
boy

2

la niña
girl

el bebé
baby

el perro
dog

el gato
cat

3

Vestirse   Getting dressed

los zapatos
shoes

los calzones
underwear

el suéter
sweater

la ropa interior
undershirt

el pantalón
pants

la camiseta
t-shirt

los calcetines
socks

En la cocina

In the kitchen

el pan

bread

la leche

milk

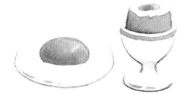

los huevos

eggs

la manzana
apple

la naranja
orange

el plátano
banana

Lavar los platos   Cleaning up

la mesa
table

la silla
chair

el plato
plate

el cuchillo
knife

el tenedor
fork

la cuchara
spoon

la taza
cup

La hora de jugar   Play time

el caballo
horse

la oveja
sheep

la vaca
cow

la gallina
hen

el cerdito
pig

el tren
train

los cubos
blocks

11

De visita Going on a visit

la abuelita
Grandma

el abuelito
Grandpa

las pantuflas
slippers

el abrigo
coat

el vestido
dress

el gorro
hat

13

En el parque — In the park

el árbol
tree

la flor
flower

los columpios
swings

la pelota
ball

el tobogán
slide

las botas
boots

el pájaro
bird

el barco
boat

En la calle

In the street

el carro
car

la bicicleta
bicycle

el avión
plane

16

la camioneta
truck

el autobús
bus

la casa
house

Celebrar una fiesta Having a party

el globo
balloon

el pastel
cake

el reloj
clock

el helado
ice cream

el pez
fish

las galletas
cookies

los dulces
candy

Nadar Swimming

el brazo
arm

la mano
hand

la pierna
leg

los pies
feet

los dedos
de los pies
toes

la cabeza
head

el trasero
bottom

21

En el vestuario In the changing room

la boca
mouth

los ojos
eyes

las orejas
ears

la nariz
nose

el pelo
hair

el peine
comb

el cepillo
brush

Ir de compras

Going shopping

rojo
red

azul
blue

verde
green

amarillo
yellow

rosa
pink

blanco
white

negro
black

En el baño

In the bathroom

el jabón
soap

la toalla
towel

el excusado
toilet

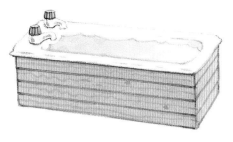

la tina
bathtub

la barriguita
tummy

el pato
duck

En la recámara

In the bedroom

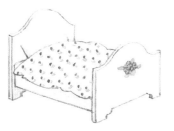

la cama
bed

la lámpara
lamp

la ventana
window

la puerta
door

el libro
book

la muñeca
doll

el osito
teddy bear

29

Match the words to the pictures

las botas

los calcetines

la cama

el carro

el cuchillo

el gato

el gorro

el helado

el huevo

la lámpara

la leche

el libro

la manzana

la mesa

la muñeca

la naranja

el osito

el pastel

el pato

la pelota

el perro

el pez

el plátano

el reloj

la ropa
interior

el suéter

el tenedor

el tren

la vaca

la ventana

Contar   Counting

1 uno

2 dos

3 tres

4 cuatro

5 cinco

1 uno   2 dos   3 tres   4 cuatro   5 cinco